글 박진영

고생물학자이자 과학책과 그림책을 쓰는 작가예요. 강원대학교 지질학과를 졸업한 뒤 척추고생물학으로 전남대학교에서 석사 학위를, 서울대학교에서 박사 학위를 받았습니다. 지금은 서울대학교 고생물학연구실에서 연구원으로 일하면서 아시아의 갑옷 공룡 화석을 연구하고 있어요. 지금까지 쓴 책으로는 〈놀라운 공룡의 세계〉 시리즈, 〈판타스틱 공룡 일상〉 시리즈와 《신비한 익룡 사전》, 《신비한 공룡 사전》, 《박진영의 공룡 열전》, 《읽다 보면 공룡 박사》 등이 있고, 쓰고 그린 책으로는 《박물관을 나온 긴손가락사우루스》가 있습니다.

그림 최유식

애니메이션을 공부했고, 지금은 한국예술종합학교에서 영상을 전공하고 있습니다. 오늘날에는 볼 수 없는 아름답고 매력적인 동물들을 주제로 그림을 그리고 있습니다. 그린 책으로는 〈놀라운 공룡의 세계〉 시리즈, 《다른 공룡이 되고 싶어?!》, 《읽다 보면 공룡 박사》가 있습니다.

일러두기

- 오늘날의 새를 제외한 공룡 이름은 한국고생물학회의 원칙에 따라 라틴어 발음대로 표기했습니다.
- 각 공룡의 생태 정보는 분류 | 크기 | 식성 순서로 표기했습니다.

놀라운 공룡의 세계 2

와글와글 공룡 행성

초판 인쇄 2022년 12월 9일 초판 발행 2022년 12월 9일
글쓴이 박진영 그린이 최유식
펴낸이 남영하 편집 김주연 박예슬 디자인 박규리 마케팅 김영호
펴낸곳 ㈜씨드북 등록 번호 제2012-000402호 주소 03149 서울시 종로구 인사동7길 33 남도빌딩 3F 전화 02) 739-1666 팩스 (0303) 0947-4884
홈페이지 www.seedbook.co.kr 전자우편 seedbook009@naver.com 인스타그램 instagram.com/seedbook_publisher
ISBN 979-11-6051-480-3 (77490) 세트 979-11-6051-478-0 (77490)
글 ⓒ 박진영, 그림 ⓒ 최유식, 2022
이 책은 저작권법에 따라 보호받는 저작물이므로 무단 전재와 무단 복제를 금지하며,
이 책 내용의 전부 또는 일부를 이용하려면 반드시 저작권자와 ㈜씨드북의 서면 동의를 받아야 합니다.

제조국명: 대한민국 | 사용연령: 6세 이상
KC마크는 이 제품이 공통안전기준에 적합하였음을 의미합니다.
종이에 베이지 않게 주의하세요.

- 책값은 뒤표지에 있어요. • 잘못 만들어진 책은 구입하신 서점에서 바꾸어 드려요. • 씨드북은 독자들을 생각하며 책을 만들어요.

놀라운 공룡의 세계 2

와글와글 공룡행성

박진영 글 최유식 그림

씨드북

차례

8   어마어마하게 오래된 지구

10   **시작은 작았어요**   약 2억 3000만 년 전, 트라이아스기 후기, 아르헨티나

12   **식물 먹고 쑥쑥**   약 2억 2100만 년 전, 트라이아스기 후기, 독일

14   **육식 공룡이 커졌어요**   약 1억 9000만 년 전, 쥐라기 전기, 미국

16   **따뜻한 남극에 어서 오세요**   약 1억 9000만 년 전, 쥐라기 전기, 남극

18   **초식 공룡의 반격**   약 1억 6500만 년 전, 쥐라기 중기, 중국

20   **목 긴 공룡의 낙원**   약 1억 5000만 년 전, 쥐라기 후기, 미국

22   **시조새의 해변**   약 1억 4500만 년 전, 쥐라기 후기, 독일

24   **북적북적한 강가**   약 1억 3000만 년 전, 백악기 전기, 영국

26   **꽃이 피는 화산 동네**   약 1억 2500만 년 전, 백악기 전기, 중국

28   **스피노사우루스의 낚시터**   약 1억 년 전, 백악기 후기, 이집트

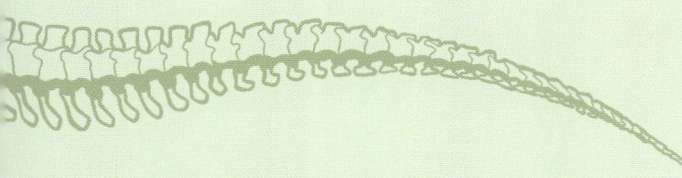

30 **거인의 땅** 약 9700만 년 전, 백악기 후기, 아르헨티나

32 **프로토케라톱스의 사막** 약 7500만 년 전, 백악기 후기, 몽골

34 **모여서 알을 낳아요** 약 7000만 년 전, 백악기 후기, 미국

36 **작은 공룡들의 섬** 약 6800만 년 전, 백악기 후기, 루마니아

38 **티라노사우루스의 왕국** 약 6600만 년 전, 백악기 후기, 미국

40 **엄청난 충돌** 약 6600만 년 전, 백악기 후기, 미국

42 **살아남았어요** 약 4700만 년 전, 고제3기, 독일

44 **이런, 사람을 만났어요** 520년 전, 제4기, 모리셔스

46 **식탁 위의 공룡** 제4기(현재), 우리나라

48 **찾아보기**

어마어마하게 오래된 지구

지구의 나이는 45억 살이에요. 어마어마하게 오래됐죠? 생물은 37억 년 전에 처음 나타났고, 동물은 6억 6500만 년 전에 등장했어요. 최초의 공룡은 2억 3300만 년 전쯤에 나타났어요. 사람은 겨우 250만 년 전에 나타났어요. 상상하기 어렵다고요? 그럼 지구의 나이를 한 살이라고 생각하면 훨씬 이해하기 쉬울 거예요. 지구의 생일이 1월 1일이고, 오늘을 12월 31일 밤 12시라고 생각해 봐요. 생물은 2월 25일에 처음 나타났고요, 첫 동물은 11월 18일에 나타났어요. 공룡은 12월 13일 저녁 식사 시간쯤에 등장했고, 최초의 사람은 12월 31일 밤 11시 37분에 나타났어요. 지구 전체 역사에서는 공룡과 우리가 많이 가까운 편이에요. 그래도 공룡이 살던 시절의 지구는 오늘날의 지구와 많이 달랐어요. 공룡 시대의 지구가 어땠는지 알아볼까요?

2억 3300만 년 전
공룡이 등장했어요!

3억 6750만 년 전
다리가 달린 물고기들이 물 밖으로 나왔어요.

고생대 | 트라이아스기 | 쥐라기 | 백악기 | 고제3기 | 신제3기

캄브리아 시대
5억 4100만 년 전
2억 5100만 년 전
2억 100만 년 전
1억 5100만 년 전
6600만 년 전
2300만 년 전
258만 년 전

45억 년 전
우주 돌덩어리들과 먼지들이 모여서 지구가 만들어졌어요.

37억 년 전
최초의 생물이 등장했어요!

시작은 작았어요

약 2억 3000만 년 전, 트라이아스기 후기, 아르헨티나

굽이굽이 흐르는 강 주위로 식물들이 빼곡히 자라고, 가장 오래된 공룡들이 여기에 살았어요. 하지만 이 시기의 지배자는 공룡이 아닌 악어의 조상들이었어요. 사우로수쿠스는 북극곰만 한 육식 동물이었어요. 악어의 조상이라고 해서 모두 육식 동물은 아니었어요. 아이토사우로이데스와 실로수쿠스는 채식주의자였거든요. 이때는 홍수가 잦아 키 작은 식물들이 자주 죽었어요. 그러자 이들을 먹고 살던 채식주의자 악어 조상들도 사라지기 시작했어요. 먹을 초식 동물들이 사라지자 사우로수쿠스 같은 덩치 큰 육식 동물도 조금씩 없어졌어요.

사우로수쿠스 *Saurosuchus*
의사악어류 | 몸길이 7미터 | 육식
뒤로 휜 날카로운 이빨이 있어서 한번 문 먹이는 쉽게 놓치지 않았어요.

에오랍토르 *Eoraptor*
용각형류 공룡 | 몸길이 1미터 | 잡식
거대한 목 긴 공룡의 조상이에요.

릴리엔스테르누스 *Liliensternus*
수각류 공룡 | 몸길이 5미터 | 초식
시속 41킬로미터의 속력으로 재빠르게 뛸 수 있었어요.

플라테오사우루스 *Plateosaurus*
용각형류 공룡 | 몸길이 10미터 | 초식
몸이 무거워져서 진흙에 자주 빠져 죽기도 했어요.

식물 먹고 쑥쑥

약 2억 2100만 년 전, 트라이아스기 후기, 독일

이전보다 식물들의 키가 더 커졌어요. 나뭇잎을 뜯어 먹고 있는 동물들은 놀랍게도 공룡이에요! 채식주의자 악어 조상들이 사라지자 이들이 대신 식물을 먹기 시작한 거죠. 플라테오사우루스는 목 긴 공룡의 조상이에요. 아직은 몸집이 아시아코끼리와 비슷하지만요. 식물은 날고기보다 영양분이 적어요. 그래서 초식 공룡들은 식물을 많이 먹기 위해 다른 초식 공룡들과 경쟁해야 했어요. 플라테오사우루스 같은 몇몇 초식 공룡들은 높은 곳의 나뭇잎을 먹기 시작했죠. 시간이 흐르면서 이들의 목은 나뭇잎을 쉽게 따 먹기 위해 점점 길어졌어요.

육식 공룡이 커졌어요

약 1억 9000만 년 전, 쥐라기 전기, 미국

몸집이 커져 버린 초식 공룡들을 사냥하기 위해 몇몇 육식 공룡들도 몸집이 커지기 시작했어요. 그 대표적인 공룡이 딜로포사우루스예요. 딜로포사우루스가 살던 때는 날씨가 매우 더웠어요. 그 이유는 땅에 있어요. 딜로포사우루스가 살기 전에는 모든 대륙이 한곳에 모여 있었어요. 근데 약 2억 100만 년 전부터 대륙들이 서서히 갈라지기 시작한 거예요. 갈라진 땅 사이로 용암이 흘러나오고 온실가스가 뿜어져 나왔어요. 지구는 점점 더워졌어요. 얼마나 더웠냐면 당시 지구의 평균 온도가 21도 정도였어요. 오늘날 평균 온도는 15도 정도예요.

딜로포사우루스 *Dilophosaurus*

수각류 공룡 | 몸길이 7미터 | 육식

다리뼈와 발가락뼈가 다친 채로 발견된 경우가 많아요. 다른 육식 공룡들과 자주 싸웠나 봐요.

스쿠텔로사우루스 *Scutellosaurus*

조반류 공룡 | 몸길이 1.2미터 | 초식

목부터 꼬리 끝까지 300개가 넘는 뼈로 된 돌기들이 솟아 있어요.

따뜻한 남극에 어서 오세요

약 1억 9000만 년 전, 쥐라기 전기, 남극

1억 9000만 년 전 남극은 지금의 남아메리카, 아프리카, 인도, 호주와 함께 붙어 있었어요. 적도에서 데워진 따뜻한 바닷물이 남쪽으로 내려와 남극 주위를 따뜻하게 했어요. 그 덕분에 숲이 생겼고, 다양한 동물들이 살게 됐어요. 쥐라기 전기 남극의 지배자는 크리올로포사우루스였어요. 이 공룡은 북극곰보다 두 배는 더 컸던 육식 공룡이에요. 부채처럼 생긴 볏이 머리에 솟아 있었는데 뽐내기용이었을 거로 추측해요. 우리가 보기에는 우스꽝스럽겠지만 다른 크리올로포사우루스들이 보기에는 정말 매력적이었을 거예요.

크리올로포사우루스 *Cryolophosaurus*
수각류 공룡 | 몸길이 6미터 | 육식
죽은 동료를 뜯어 먹기도 했어요.

초식 공룡의 반격

약 1억 6500만 년 전, 쥐라기 중기, 중국

초식 공룡들의 몸집이 어마어마하게 커졌어요. 그러자 육식 공룡들이 함부로 공격하지 못했어요. 오메이사우루스는 키가 3층 건물만 한 공룡이었어요. 이처럼 긴 목과 기둥 같은 다리를 가진 공룡을 '용각류'라고 불러요. 용각류는 쥐라기 때 가장 흔한 초식 공룡이었어요. 키가 작은 후아이양고사우루스는 육식 공룡을 만났을 때 가시가 솟은 꼬리를 휘둘렀어요. 가시에 맞으면 뼈에 구멍이 뚫릴 정도였대요. 후아이양고사우루스처럼 등에는 판이, 꼬리에는 가시가 솟은 공룡을 '검룡류'라고 불러요. 검룡류는 용각류 다음으로 흔한 공룡이었어요.

가소사우루스 *Gasosaurus*
수각류 공룡 | 몸길이 4미터 | 육식
시속 40킬로미터로 빠르게 뛸 수 있었어요.

아길리사우루스 *Agilisaurus*
원시 조반류 공룡 | 몸길이 1.7미터 | 초식
1984년 중국에서 쯔궁 공룡 박물관을 짓기 위해 땅을 파헤치다가 화석이 발견됐어요.

사우로파가낙스 *Saurophaganax*
수각류 공룡 | 몸길이 12미터 | 육식
쥐라기 후기 때 북아메리카 대륙에서 살았던 육식 공룡 중에 몸집이 가장 컸어요.

아파토사우루스 *Apatosaurus*
용각류 공룡 | 몸길이 24미터 | 초식
꼬리를 너무 세게 휘두른 나머지 꼬리뼈가 부러져 버린 아파토사우루스의 화석이 발견되기도 했어요.

스테고사우루스 *Stegosaurus*
검룡류 공룡 | 몸길이 9미터 | 초식
용각류의 똥까지 먹었을 거라고 보는 과학자들도 있어요.

브라키오사우루스 *Brachiosaurus*
용각류 공룡 | 몸길이 26.5미터 | 초식

다리가 길어서 시속 25킬로미터로 빠르게 걸을 수 있었어요.

카마라사우루스 *Camarasaurus*
용각류 공룡 | 몸길이 18미터 | 초식

어린 카마라사우루스가 어른이 되는 데 20년 정도 걸렸어요.

목 긴 공룡의 낙원

약 1억 5000만 년 전, 쥐라기 후기, 미국

시간이 흘러 지구의 온도는 예전보다 내려갔어요. 그래도 여전히 더운 편이다 보니 바닷물이 많이 증발했고, 증발한 물은 비구름을 이뤘죠. 비구름은 땅 위에 비를 퍼부었어요. 덕분에 식물들이 무럭무럭 자라 울창한 숲이 되었어요. 가장 많은 종류는 잎사귀가 뾰족뾰족한 소철이었는데, 쥐라기 시대를 '소철의 시대'라고도 불러요. 식물이 무성해지니까 초식 공룡들이 많아졌어요. 목이 길고 덩치가 큰 용각류가 가장 많았지요. 종류에 따라 목 길이가 달랐는데, 서로 키가 다른 식물을 먹어서 그래요.

아누로그나투스 *Anurognathus*

익룡류 | 날개폭 35센티미터 | 육식

눈이 커서 어두운 저녁에도 사냥할 수 있었을 거예요.

콤프소그나투스 *Compsognathus*

수각류 공룡 | 몸길이 1.3미터 | 육식

아르카이옵테릭스와 골격이 너무 비슷해서 옛날에는 과학자들이 이 둘을 헷갈렸대요.

시조새의 해변

약 1억 4500만 년 전, 쥐라기 후기, 독일

공룡 시대에는 북극과 남극에 빙하가 없었어요. 낮은 땅은 물에 잠겼고, 얕고 따뜻한 바다가 됐어요. 얕고 따뜻한 바다에는 식물성 플랑크톤이 많아 갑각류와 물고기들이 모여들었어요. 그리고 이들을 먹는 동물들도 모였죠. 갑각류와 물고기를 먹던 동물로는 익룡이 있어요. 익룡은 하늘을 날던 파충류로, 공룡의 가까운 친척이에요. 쥐라기 때 익룡만 하늘을 날았던 것은 아니에요. 아르카이옵테릭스라는 공룡은 '시조새'라는 이름으로 잘 알려져 있어요. 크기가 비둘기만 하고 온몸이 깃털로 덮여 있죠. 온몸이 깃털로 덮인 공룡은 쥐라기 때부터 흔히 볼 수 있었어요.

람포린쿠스 *Rhamphorhynchus*
익룡류 | 날개폭 1.8미터 | 육식
똥 화석 속에 물고기와 오징어 찌꺼기들이 가득 들어 있었어요.

그나토사우루스 *Gnathosaurus*
익룡류 | 날개폭 1.7미터 | 육식
털처럼 생긴 이빨이 130개 정도 나 있었어요.

아르카이옵테릭스 *Archaeopteryx*
수각류 공룡 | 몸길이 50센티미터 | 육식
오늘날의 새처럼 하늘을 날 수는 있었지만 둥지는 땅 위에 만들었어요.

북적북적한 강가

약 1억 3000만 년 전, 백악기 전기, 영국

백악기라는 시대가 시작됐어요. 백악기는 쥐라기 때보다 조금 더 더웠어요. 그래서 구름도 더 많이 만들어지고 비도 더 자주 내렸어요. 땅으로 떨어진 빗물 일부는 강을 이뤘어요. 강이 흐르는 곳 주위에는 식물이 많이 자랐어요. 백악기 때 가장 흔한 공룡은 단단한 부리를 가진 초식 공룡들이었어요. 그 대표적인 초식 공룡으로는 힙실로포돈과 이구아노돈이 있어요. 비가 많이 오면 강이 넘쳐서 물과 모래, 진흙에 휩쓸려 공룡들이 죽기도 했어요. 이렇게 휩쓸려 죽은 수백 마리의 힙실로포돈들이 뒤엉켜서 화석으로 발견된 적이 있어요.

바리오닉스 *Baryonyx*
수각류 공룡 | 몸길이 10미터 | 육식
삼킨 먹이를 잘 소화시키기 위해 자갈들을 먹기도 했어요.

힙실로포돈 *Hypsilophodon*
원시 조반류 공룡 | 몸길이 2미터 | 초식
눈이 커서 시력이 좋았을 거예요.

메이 *Mei*
수각류 공룡 | 몸길이 70센티미터로 추정 | 잡식
공룡 중에서 머리가 똑똑한 편이었어요.

시노바아타르 *Sinobaatar*
포유류 | 몸길이 35센티미터 | 초식
작은 육식 공룡의 배 속에서 자주 발견돼요. 잡아먹기 쉬운 먹잇감이었나 봐요.

꽃이 피는 화산 동네

약 1억 2500만 년 전, 백악기 전기, 중국

백악기 전기 때 중국 지역은 지금보다 북쪽에 있어 기온이 싸늘했어요. 당시 지구 평균 온도는 20도 정도로 더웠지만 중국 지역의 평균 온도는 겨우 10도밖에 되지 않았어요. 하지만 이곳에 살던 공룡들은 깃털 덕분에 지내는 데 큰 문제가 없었어요. 이때 중국 지역에는 화산이 많았어요. 화산의 열이 땅을 항상 따뜻하게 해서 공룡들이 둥지를 만들고 알을 낳기에 좋은 환경이었죠. 따뜻한 땅속에 굴을 파고 살던 공룡도 많았어요. 이 화산 동네 주위에서 새로운 식물들도 등장했어요. 바로 꽃 피는 식물이에요. 아름다운 원시 목련과 수련이 이때 나타났어요.

프시타코사우루스 *Psittacosaurus*
각룡류 공룡 | 몸길이 1.5미터 | 초식

몸집에 비해 뇌가 커서 오늘날의 새와 비슷한 지능을 가졌을 거예요.

잉키시보사우루스 *Incisivosaurus*
수각류 공룡 | 몸길이 1미터 | 초식

토끼처럼 큰 앞니를 이용해 질긴 식물을 뜯어 먹었어요.

캉미아니아 *Changmiania*
원시 조반류 공룡 | 몸길이 1.2미터 | 초식

화산 폭발 때문에 무너져 내린 땅굴 속에서 발견됐어요.

파랄리티탄 *Paralititan*
용각류 공룡 | 몸길이 27미터 | 초식

뼈 화석에서 카르카로돈토사우루스의 이빨 자국이 발견되었어요.

스피노사우루스 *Spinosaurus*
수각류 공룡 | 몸길이 16미터 | 육식

머리뼈 길이가 거의 2미터나 돼요. 육식 공룡 중에서 머리가 가장 컸어요.

스피노사우루스의 낚시터

약 1억 년 전, 백악기 후기, 이집트

백악기 때나 지금이나 적도 지역은 뜨거워요. 태양으로부터 오는 빛을 가장 많이 쬐기 때문이에요. 이곳에서는 나무고사리들이 많이 자랐어요. 거대한 용각류들이 나무고사리를 즐겨 먹었죠. 용각류 주위에는 이들을 잡아먹고 사는 카르카로돈토사우루스가 있었어요. 스피노사우루스라는 육식 공룡도 있었는데, 길쭉한 주둥이로 물고기를 사냥해 먹었어요. 서로 먹는 게 달라서 이 두 공룡이 먹이로 싸울 일은 거의 없었을 거예요. 백악기 때 이집트 지역에서는 자동차만 한 물고기가 많았대요. 한 마리만 먹어도 배가 불렀겠죠?

아르헨티노사우루스 *Argentinosaurus*
용각류 공룡 | 몸길이 36미터 | 초식
지금까지 살았던 육상 동물 중에서 가장 컸어요. 키가 6층 건물만 해요.

마푸사우루스 *Mapusaurus*
수각류 공룡 | 몸길이 12.7미터 | 육식
무리를 이뤄서 거대한 용각류들을 사냥했어요.

리마이사우루스 *Limaysaurus*
용각류 공룡 | 몸길이 15미터 | 초식
배 속에서 자갈들이 발견됐는데, 아마도 식물을 뿌리째 뽑아 먹다가 실수로 삼켰을 거예요.

거인의 땅

약 9700만 년 전, 백악기 후기, 아르헨티나

지구상에서 가장 큰 공룡이 이때 나타났어요. 바로 아르헨티노사우루스예요. 용각류들이 어마어마하게 커질 수 있었던 이유는 이들의 뼛속을 가득 채운 공기주머니들이 몸무게를 가볍게 했기 때문이에요. 재밌는 건 용각류의 공기주머니는 원래 쉽게 숨 쉬기 위해 생겨났다는 거예요. 목이 길어지는 바람에 코로 마신 공기가 허파로 오는 데 오래 걸려 숨 쉬기가 어려웠거든요. 그래서 용각류는 공기주머니를 발달시켜 공기를 미리 담아 두었다가 허파에 바로 전달했죠. 결국 용각류들은 얼떨결에 몸무게가 가벼워져서 몸집이 더 커질 수 있게 된 거예요.

프로토케라톱스의 사막

약 7500만 년 전, 백악기 후기, 몽골

몽골 지역은 지금처럼 대륙 안쪽에 있어, 바다에서 만들어진 비구름이 이곳까지 오지 못했어요. 그래서 뜨겁고 건조한 사막이 생겼어요. 이곳의 식물과 동물은 물을 조금만 마셔도 살 수 있었어요. 몽골 사막에서 가장 많이 살던 공룡은 바로 프로토케라톱스예요. 덩치가 겨우 돼지만 하지만 날카로운 각질로 덮인 부리를 가지고 있었죠. 프로토케라톱스는 이 부리를 이용해 질긴 식물을 잘라 먹기도 했지만, 육식 공룡의 앞다리를 물어서 쉽게 부러트릴 수 있었어요. 그러니 작은 공룡이라고 무시하면 안 돼요!

프로토케라톱스 *Protoceratops*
각룡류 공룡 | 몸길이 1.8미터 | 초식
한 번에 15개 정도의 알을 낳았어요.

벨로키랍토르 *Velociraptor*
수각류 공룡 | 몸길이 1.8미터 | 육식
귀가 아주 발달해서 소리를 잘 들었어요.

마이아사우라 *Maiasaura*

조각류 공룡 | 몸길이 7미터 | 초식

새끼 공룡이 어른이 되는 데 8년 정도 걸렸어요.

밤비랍토르 *Bambiraptor*

수각류 공룡 | 몸길이 1.3미터로 추정 | 육식

앞발을 이용해 고깃덩어리를 붙잡을 수 있었을 거예요.

키멕소미스 *Cimexomys*

포유류 | 몸길이 30센티미터로 추정 | 잡식

오늘날의 쥐처럼 좁은 땅굴에서 살았을 거예요.

모여서 알을 낳아요

약 7000만 년 전, 백악기 후기, 미국

백악기 후기 때 가장 흔한 공룡은 오리주둥이공룡이었어요. 이름처럼 넓적한 부리를 이용해 한 번에 많은 식물을 뜯어 먹을 수 있었죠. 7000만 년 전 미국 지역에서는 마이아사우라라고 불리는 오리주둥이공룡들이 살았어요. 이 공룡은 해마다 한 장소에 모여서 둥지를 만들었어요. 그러고는 멜론만 한 둥근 알들을 30개에서 40개씩 낳았어요. 한곳에 모여서 알을 낳고 새끼를 키우면 좋은 점이 있어요. 여러 어른 공룡이 모여 있어서 안전하죠. 육식 공룡이 알이나 새끼를 잡아먹기 위해 나타나면 어른들이 힘을 모아 무찌를 수 있어요.

하체곱테릭스 *Hatzegopteryx*

익룡류 | 날개폭 12미터 | 육식

날개를 폈을 때 큰 전투기만 했대요. 날아오르는 데 1초도 걸리지 않았을 거예요.

가르간투아비스 *Gargantuavis*

수각류 공룡 | 몸길이 2미터 | 잡식

몸무게가 140킬로그램이나 됐대요.

스트루티오사우루스 *Struthiosaurus*

곡룡류 공룡 | 몸길이 2.2미터 | 초식

다른 스트루티오사우루스와 머리를 맞대고 서로 밀어내며 힘겨루기를 했을 거예요.

작은 공룡들의 섬

약 6800만 년 전, 백악기 후기, 루마니아

지금은 넓은 육지만 백악기 때 유럽은 작은 섬들로 이루어져 있었어요. 이 섬들에서도 공룡이 살았죠. 어쩌다 섬에서 공룡이 살게 됐을까요? 바다의 높이는 오르락내리락하는데, 높이가 잠깐 낮아졌을 때 공룡들이 걸어서 섬으로 들어간 거예요. 그리고 나중에 바다 높이가 다시 높아지자 섬에 갇히고 만 거죠. 섬은 움직일 공간이 좁고 먹을 것도 부족해요. 결국 섬에 갇힌 공룡들은 몸집이 작아지는 쪽으로 진화했어요. 섬에서 가장 큰 동물은 바로 하체곱테릭스라는 익룡이었어요.

마기아로사우루스 *Magyarosaurus*
용각류 공룡 | 몸길이 6미터 | 초식
갓 태어난 새끼에게도 뼈로 된 돌기들이 솟아 있어서 몸을 보호할 수 있었어요.

텔마토사우루스 *Telmatosaurus*
조각류 공룡 | 몸길이 5미터 | 초식
혹이 난 아래턱이 발견된 적 있어요. 공룡도 우리처럼 아프기도 했어요.

에드몬토사우루스 *Edmontosaurus*
조각류 공룡 | 몸길이 12미터 | 초식

티라노사우루스의 이빨이 박힌 꼬리뼈가 발견된 적 있어요.

안킬로사우루스 *Ankylosaurus*
곡룡류 공룡 | 몸길이 8미터 | 초식

볼링공 두 개만 한 단단하고 큰 뼈 뭉치가 꼬리 끝에 달려 있어요.

푸르가토리우스 *Purgatorius*
포유류 | 몸길이 15센티미터 | 잡식

몸무게가 김밥 두 조각이랑 비슷해요.

티라노사우루스의 왕국

약 6600만 년 전, 백악기 후기, 미국

무시무시한 육식 공룡이 등장했어요. 바로 티라노사우루스예요. 몸길이는 시내버스 한 대만 하고, 몸무게는 아프리카코끼리 두 마리랑 비슷했어요. 티라노사우루스는 강 주위에서 살았어요. 강가에서 볼 수 있는 공룡 중 가장 흔한 종류는 뿔공룡인 트리케라톱스였어요. 트리케라톱스는 티라노사우루스가 가장 좋아하는 먹잇감이었죠. 어라, 하늘에 불타오르는 공 같은 것이 떠 있어요. 저건 태양이 아니라 우주를 떠돌아다니는 커다란 돌덩어리죠. 지구에서 가장 높은 에베레스트산만 한 크기예요. 뭐라고요? 돌덩어리가 점점 가까워지고 있는 것 같다고요?

엄청난 충돌

약 6600만 년 전, 백악기 후기, 미국

꽝! 커다란 우주 돌덩어리가 지구와 부딪혔어요. 어마어마한 돌들이 하늘로 솟아올랐어요. 하늘로 날아간 돌들은 불에 타면서 다시 곳곳으로 떨어졌어요. 이 불타는 돌들 때문에 공룡을 포함한 많은 생물이 불에 타 죽거나 살 곳을 잃었어요. 하지만 불보다 더 무시무시한 것은 바로 먼지였어요. 하늘을 가득 채운 먼지는 수십 년 넘게 햇빛을 가렸어요. 그러자 식물이 죽고, 초식 동물도 따라 죽고, 마침내 육식 동물까지 사라지고 말았어요. 이 사건으로 지구 생물 종류의 약 75퍼센트가 사라졌어요. 티라노사우루스나 트리케라톱스 같은 공룡들도 이때 사라졌어요. 그런데 한 무리의 공룡은 운 좋게 살아남았어요. 이 공룡들을 우리는 '새'라고 불러요.

살아남았어요

약 4700만 년 전, 고제3기, 독일

커다란 우주 돌덩어리가 지구와 부딪힌 지 1900만 년이 지났어요. 백악기 때랑 세상이 달라졌어요. 지금의 영국과 아일랜드 지역에서 엄청난 화산 폭발이 일어났고, 용암이 쌓여서 2.5킬로미터 두께의 지층이 만들어졌어요. 많은 온실가스 때문에 지구는 더 더워졌어요. 더워진 지구 곳곳에 늪지대가 생겼고, 늪지대 주위에는 전에 볼 수 없던 덩치 큰 포유류들도 등장했어요. 공룡은 이제 새들만 남았어요. 대부분의 새는 나무 위에서 살았어요. 예전에 살던 덩치 큰 공룡처럼 주로 땅 위를 걸어 다닌 종류도 있었어요. 가스토르니스는 튼튼한 뒷다리를 이용해 재빠르게 뛰어다녔어요.

가스토르니스 *Gastornis*
조류 공룡 | 키 2미터 | 초식
깃털 하나의 길이는 24센티미터나 됐어요.

히라키우스 *Hyrachyus*
포유류 | 몸길이 1.5미터 | 초식
오늘날 코뿔소의 조상이에요.

넓은부리앵무새 *Lophopsittacus mauritianus*

조류 공룡 | 몸길이 55센티미터 | 초식

부드러운 과일을 즐겨 먹었대요. 1680년대에 멸종했어요.

도도 *Raphus cucullatus*

조류 공룡 | 키 1미터 | 초식

새끼 도도는 3개월 만에 어른이 됐대요.

이런, 사람을 만났어요

520년 전, 제4기, 모리셔스

아프리카 대륙의 동쪽 바다에는 모리셔스라는 섬이 있어요. 이곳에는 육식 동물이 없어 날기를 포기한 새들이 생기기 시작했죠. 가장 유명한 새가 도도예요. 어, 저기 배가 다가오네요. 저 배에 탄 사람들이 섬으로 돼지와 양을 데려왔고, 몰래 배에 탄 쥐들도 섬에 들어왔어요. 사람들은 도도를 사냥했고, 돼지와 양은 도도가 먹던 열매들을 먹었어요. 그리고 쥐는 도도의 알을 훔쳐 먹었죠. 결국 도도는 1681년에 전부 사라졌어요. 1500년대부터 지금까지 약 200종류나 되는 새들이 도도처럼 사람 때문에 멸종했대요. 이러다 마지막 공룡인 새들이 사람 때문에 멸종하는 것은 아닐까요?

분홍비둘기 *Nesoenas mayeri*
조류 공룡 | 몸길이 38센티미터 | 초식
새끼는 7주면 다 자랐어요. 현재 멸종 위기 동물이에요.

모리셔스코끼리거북 *Cylindraspis triserrata*
거북류 | 몸길이 70센티미터 | 초식
몸무게가 12킬로그램이나 됐어요.
1800년대에 멸종했어요.

붉은뜸부기 *Aphanapteryx bonasia*
조류 공룡 | 몸길이 40센티미터 | 육식
달팽이랑 작은 벌레를 즐겨 먹었대요.
1700년경에 멸종했어요.

식탁 위의 공룡

제4기(현재), 우리나라

지금으로부터 약 7000년 전, 사람들은 중국의 한 대나무 숲에서 아주 특별한 공룡을 만났어요. 바로 닭이에요. 닭은 뭐든지 줘도 잘 먹었고, 좁은 공간에서 많이 키울 수 있었어요. 그래서 옛날 사람들은 닭을 가둬서 알을 얻거나 이들을 살찌워서 잡아먹기 시작했어요. 닭은 오늘날 지구에서 가장 많이 살고 있는 공룡이 됐어요. 농장에서 키우는 닭이 무려 2000억 마리가 넘는다고 해요. 어마어마하죠? 전 세계 인구수가 79억 명 정도니까 닭이 훨씬 많아요. 1년에 우리나라 사람들이 먹는 닭은 약 9억 마리가 넘는대요. 한 명당 1년에 닭 20마리를 먹은 셈이에요. 공룡은 이제 우리에게 없어서는 안 될 존재가 됐어요. 우리 모두 공룡에게 고마워해야 하지 않을까요?

찾아보기

ㄱ

가르간투아비스 *Gargantuavis* … 36
가소사우루스 *Gasosaurus* … 18
가스토르니스 *Gastornis* … 43
게로토락스 *Gerrothorax* … 12
그나토사우루스 *Gnathosaurus* … 23
글라시알리사우루스 *Glacialisaurus* … 16

ㄴ

넓은부리앵무새 *Lophopsittacus mauritianus* … 44
네오베나토르 *Neovenator* … 25

ㄷ

다루이니우스 *Darwinius* … 42
다스플레토사우루스 *Daspletosaurus* … 34
닭 *Gallus gallus domesticus* … 46
도도 *Raphus cucullatus* … 44
딜로포사우루스 *Dilophosaurus* … 14

ㄹ

람포린쿠스 *Rhamphorhynchus* … 23
람피니온 *Rhamphinion* … 15
리마이사우루스 *Limaysaurus* … 30
릴리엔스테르누스 *Liliensternus* … 13

ㅁ

마기아로사우루스 *Magyarosaurus* … 37
마이아사우라 *Maiasaura* … 35
마푸사우루스 *Mapusaurus* … 30
메셀로르니스 *Messelornis* … 42
메이 *Mei* … 26
모리셔스코끼리거북 *Cylindraspis triserrata* … 45

ㅂ

바리오닉스 *Baryonyx* … 24
밤비랍토르 *Bambiraptor* … 35
벨로키랍토르 *Velociraptor* … 32
분홍비둘기 *Nesoenas mayeri* … 45
붉은뜸부기 *Aphanapteryx bonasia* … 45
브라키오사우루스 *Brachiosaurus* … 21

ㅅ

사라사우루스 *Sarahsaurus* … 15
사우로수쿠스 *Saurosuchus* … 10
사우로파가낙스 *Saurophaganax* … 20
수노사우루스 *Shunosaurus* … 19
스코르피오베나토르 *Skorpiovenator* … 31
스쿠텔로사우루스 *Scutellosaurus* … 14
스테고사우루스 *Stegosaurus* … 20
스토마토수쿠스 *Stomatosuchus* … 28
스트루티오사우루스 *Struthiosaurus* … 36
스피노사우루스 *Spinosaurus* … 29
시노바아타르 *Sinobaatar* … 26
실로수쿠스 *Sillosuchus* … 11

ㅇ

아길리사우루스 *Agilisaurus* … 18
아누로그나투스 *Anurognathus* … 22
아르겐티노사우루스 *Argentinosaurus* … 30
아르카이옵테릭스 *Archaeopteryx* … 23
아이토사우로이데스 *Aetosauroides* … 11
아파토사우루스 *Apatosaurus* … 20
안킬로사우루스 *Ankylosaurus* … 38
에드몬토사우루스 *Edmontosaurus* … 38
에스테시아 *Estesia* … 33
에오랍토르 *Eoraptor* … 10
오로드로메우스 *Orodromeus* … 34
오메이사우루스 *Omeisaurus* … 19
오베로랍토르 *Overoraptor* … 31
이구아노돈 *Iguanodon* … 25
잉키시보사우루스 *Incisivosaurus* … 27

ㅈ

잘람브달레스테스 *Zalambdalestes* … 33

ㅋ

카르카로돈토사우루스 *Carcharodontosaurus* … 28
카마라사우루스 *Camarasaurus* … 21
캉미아니아 *Changmiania* … 27
코일로피시스 *Coelophysis* … 15
콤프소그나투스 *Compsognathus* … 22
크리올로포사우루스 *Cryolophosaurus* … 17

키멕소미스 *Cimexomys* … 35

ㅌ

텔마토사우루스 *Telmatosaurus* … 37
트리케라톱스 *Triceratops* … 39
티라노사우루스 *Tyrannosaurus* … 39

ㅍ

파랄리티탄 *Paralititan* … 29
팔라이오키롭테릭스 *Palaeochiropteryx* … 42
폴라칸투스 *Polacanthus* … 25
푸르가토리우스 *Purgatorius* … 38
프로가노켈리스 *Proganochelys* … 12
프로토케라톱스 *Protoceratops* … 32
프시타코사우루스 *Psittacosaurus* … 27
플라기오사우루스 *Plagiosaurus* … 12
플라테오사우루스 *Plateosaurus* … 13
피나코사우루스 *Pinacosaurus* … 33

ㅎ

하마다수쿠스 *Hamadasuchus* … 28
헤레라사우루스 *Herrerasaurus* … 11
후아이앙고사우루스 *Huayangosaurus* … 19
히라키우스 *Hyrachyus* … 43
힙실로포돈 *Hypsilophodon* … 24